En el nombre del fútbol

ANDREA STACCIOLI
EN COLABORACIÓN CON MÓNICA MARISTAIN

En el nombre del fútbol

Barcelona • Bogotá • Buenos Aires • Caracas • Madrid • México, D.F.
Montevideo • Quito • Santiago de Chile

1.ª edición: Julio 2005

En el nombre del fútbol

Proyecto: Mónica Maristain
Diseño: TYPE

ISBN: 970-710-194-6

Impreso por Imprelibros S.A.

ESCRIBEN:

FERNANDO ACITELLI

MÓNICA MARISTAIN

CÉSAR LUIS MENOTTI

JUAN JOSÉ PANNO

JUAN SASTURAIN

JORGE VALDANO

JUAN VILLORO

ROTEIRO

HENRIKSEN
3
GRAVESEN
7
HOST
BROADCASTER
HOST
BROADCASTER

BINO

Prólogo

JORGE VALDANO

Escribo, corrijo, tacho, vuelvo a escribir... Jugar con las palabras nos permite rectificar para detenernos sólo en el momento en que nos sentimos contentos con el resultado. Jugar al fútbol es otra historia. El fútbol, como la música, muere en el momento de nacer, no admite enmienda. Esa sucesión de espontaneidades lo hace difícil y apasionante. Como es presente rabioso se nos anda escapando continuamente, pero no se preocupe, lector, porque en estas páginas que usted está iniciando, anda a su libre albedrío Andrea Staccioli, un glorioso cazador de presentes dispuesto a darnos otra oportunidad.

Basta con detener caprichosa y artísticamente una jugada, un movimiento, un gesto, para recrear el maravilloso mundo del fútbol. ¿Esas manos en el aire quieren gritar gol o quieren alcanzar el misterio del fútbol? Cada foto de Andrea es un manojo de preguntas.

Cada flash contiene una imagen y cada imagen tantas historias como gente dispuesta a mirarla. ¡Flash!: Totti está ganando la pelota en una disputa y en su cabeza se avecina una tormenta de ideas urgentes ¿Cuáles serán esas ideas? ¿Cuál de todas habrá elegido? ¡Flash! Thuran, Lizarazu y Henry son fotografiados con la cabeza gacha ¿Es antes de un partido que van a perder o es después de un partido que han perdido? Decida usted mismo ¡Flash! Traianos Dellas, el capitán de Grecia, festeja como un loco la conquista del Campeonato de Europa de selecciones. Le parece increíble lo que está ocurriendo y Andrea lo sorprendió, precisamente, en el momento en que se estaba diciendo: «No puede ser que esto me esté pasando a mí». Claro que usted puede haber oído otra cosa, porque estas fotos hablan y a cada uno nos cuentan historias distintas.

Un partido que está a punto de empezar puede valer una fortuna; un partido que acaba de terminar no vale nada. El poder de la incertidumbre queda resuelto en menos de dos horas, en las cuales los sentimientos interfieren en el análisis y, muchas veces, en el disfrute. Solo podemos aspirar a que el final del partido nos compense el sufrimiento porque ganamos (queremos demasiado a nuestro equipo), porque disfrutamos (queremos demasiado al fútbol) o por las dos cosas a la vez (lo queremos todo). En estas fotos existe el resultado (¿qué cree que está festejando Dellas?), pero usted no estará condicionado por la incertidumbre. Las fotos de Andrea Staccioli tienen la virtud de detener la emoción y la estética pero, sobre todo, nos permiten una mirada limpia, sin ese incómodo impulso de querer putear al árbitro.

Hemos oído muchas veces que «una imagen vale más que mil palabras». En esta ocasión, ese lugar común no puede ser más oportuno, así que empezaré a callarme. Pero antes de dejarlos con estos maravillosos paisajes futbolísticos, quiero advertirle que los lugares comunes solo afectan a la gente común. Usted, por lo tanto, deberá leer con atención los textos que acompañan estas fotos y que están escritos por admiradísimos observadores de nuestro querido fútbol, como César Luis Menotti, Fernando Acitelli, Mónica Maristain, Juan Sasturain, Juan José Panno... Con ellos orientando nuestra mirada, la fiesta de las imágenes será completa.

Fe de fotos

MÓNICA
MARISTAIN

Tengo una amiga que cree todas las historias que le cuentan en la calle. Si se topa con un mendigo que le dice que es hemofílico, por ejemplo, la susodicha es capaz de abrirse las venas allí mismo, en plena acera, para propiciar una transfusión de emergencia con la salvaje pretensión de salvarle la vida al indigente.

De nada servirá que el supuesto enfermo terminal trate de consolarla diciéndole que se conformaría con algunos centavos para comprarse el emparedado de la tarde. A estas alturas, al victimario, convertido en víctima de la buena fe de mi amiga, sólo le ayudarán sus dos piernas para escapar de lo que podría convertirse en una internación forzosa en el hospital más cercano.

Bien dice el cantautor panameño Ruben Blades que «en algo hay que creer». Así, además de mi amiga, hay gente que cree en el filo imperecedero de los cuchillos que venden a la madrugada por la televisión. O seres estrambóticos que confían en la inocencia de Gloria Trevi. O en la traducción literal del vocablo inglés «peace» cuando es pronunciado por George Bush hijo.

Y como en este asunto de las creencias parece ser que no hay límite, me han contado de aldeas enteras donde las muchachas le rinden culto a un dios de la virilidad apodado Ricky Martin, con la esperanza de que las haga fértiles y amantísimas.

Hasta el cineasta español Fernando Trueba confesó una vez en la santa iglesia de Hollywood: «Yo no creo en Dios, creo en Billy Wilder.»

En mi caso, a pesar de que he tenido un buen padre y una buena madre, tampoco me he visto librada del fervor de una creencia. Y no sé cómo empezó todo ni cuándo, pero lo cierto es que yo creo en César Luis Menotti. Puedo decirlo así, a bocajarro, porque, a juzgar por los modos en que se perpetra el fútbol contemporáneo, mi mal no es contagioso.

Sí, a veces pienso que es un mal. Sobre todo sentí el poder de mi creencia como un estigma cuando en la última edición de la Copa América gasté mis oídos escuchando las anacronías de mi ídolo futbolístico. El legendario entrenador argentino hablaba de cosas como «la poesía futbolera», «el placer de jugar», ««la magia del balón», etc., etc., rodeado por jóvenes y muy prácticos comentaristas que parecían hacer esfuerzos tremendos para no dormirse.

Debe ser por eso, digo, por mi religión menottista, que no sentí gran emoción cuando gracias a los buenos oficios de los periodistas italianos de *La Gazzetta dello Sport*, Valerio Piccioni y Stefano Boldrini, supe que el defensor de la selección griega, Traianos Dellas, había aceptado dar una entrevista exclusiva a *Playboy México*.

Y no porque yo fuera una editora ingrata, que no supiera reconocer el valor de un material periodístico obtenido en el momento exacto; pero aún me duraba el sabor amargo de la derrota portuguesa a manos de una escuadra helénica que había demostrado ser todo menos ofensiva, poética, mágica, tal como rezaba mi evangelio según César Luis.

La frustración no se atenuó cuando llegaron las postales victoriosas de Traianos envuelto en una bandera azul y blanca. A qué negarlo, yo había programado una hermosa nota en homenaje a Luis Figo y ese gigante que me sonreía, enardecido, desde la foto, no me provocaba más que encomendarme a los santos de Nuno Gómes y de Deco, para pedirles explicaciones.

Cuando ya la cara de Dellas transfigurada por la felicidad inundaba los puestos de periódicos mexicanos, apacigüé esa duermevela (o mente en blanco, como más estúpida que de costumbre) que suele producirse en un editor después de un cierre, volviendo a ver las postales del susodicho jugador griego.

Eran las fotos de un tal Andrea Staccioli.

Juro por mi buen padre y por mi buena madre que lo que vi entonces me transformó. En una, Traianos corre por en medio de la cancha envuelto en la bandera que ya mencioné. Corre primero él y luego su sonrisa, como si la felicidad tuviera alas y como si en ese territorio del fútbol más comercial del mundo, se reconstruyera el mito de Filípides y viniera Dellas a anunciarnos unas buenas nuevas trascendentes y definitivas. El efecto era tan poderoso, que no hubiera llamado la atención que la foto siguiente, en una secuencia mágica, hubiera mostrado a un Traianos desplomado, similar a aquel héroe desplomado del primer maratón.

La otra foto es de una belleza aún más conmovedora: está la selección griega en pleno subida a una tarima, festejando frente a las gradas su reciente título europeo, pero Traianos Dellas, el gran defensor, está de espaldas y mira a la cámara. Para los que no gustan del deporte más hermoso del mundo, no está de más mencionarles que Dellas es un jugador atípico por su altura: mide 1.93 metros y hay quienes dicen que es un basquetbolista metido a jugador de fútbol. La dimensión física del modelo hace que la fotografía adquiera una categoría extraordinariamente épica, que no hace más que resaltar el significado que, para la hasta entonces prácticamente desconocida escuadra helénica, tenía la obtención de la Copa de Europa.

Los buscadores de la verdad, es decir, los locos, los ciegos y los vagabundos, bien saben que si algo de hermoso tiene la verdad es que no existe en forma perdurable, pero que, cuando logra aparecer, lo hace para destruir paradigmas.

> **“ La belleza siempre debe ser compartida: es suya, es mía.**
>
> **ARNALDO ANTUNES**

Durante días, gracias a esas fotografías, me acompañó la verdad de una alegría genuina, merecida. Y pensé que, si algo de hermoso tiene el fútbol, es su conciencia certera de que la verdad en el terreno de juego es más voluble que una dama en los tiempos del cólera.

No hay capo de organización futbolística alguna que haya logrado destruir del todo la gloriosa insolencia con que el balompié se planta frente a la absurda dictadura de «lo que debe ser.»»

Y es ese desparpajo, esa ironía arrolladora de lo imprevisible, ese diálogo de tú a tú que el fútbol establece con el azar —elementos que no siempre muestran la televisión o los comerciales de las marcas deportivas más afamadas— lo que ha hecho que perdure como una de las gestas más celebradas por casi todos los públicos del mundo.

Otra foto: el francés Thierry Henry y su compatriota y compañero en el Arsenal de Inglaterra, Robert Pirés, corren de espaldas y tomados de la mano. No parecen los astros millonarios cuyas hazañas deportivas reseñan los periódicos internacionales cada semana, sino dos amigos del alma que celebran la fiesta de estar juntos, cómplices en una acción de la que sólo ellos parecen estar al tanto.

Otra: Davids, Stam y Seedorf discuten una jugada futura. El tiempo eterno parece estar de su lado y la fotografía produce la gozosa ilusión del potrero, el territorio indómito donde miles de aficionados recrean la ceremonia del balompié, tan lejos, tan cerca, de lo que conocemos como «fútbol profesional.»

Desde aquellas primeras fotografías de Traianos Dellas, hasta la fecha, en que Andrea Staccioli se ha convertido en uno de los colaboradores insustituibles para *Playboy México*, sus fotografías futboleras se fueron sucediendo sin pausa en la Redacción. Las imágenes a veces inverosímiles, otras humorísticas, siempre transformadoras, del campeonato italiano, de la Champions League, de las eliminatorias para el Mundial 2006, fueron fijándose en mis retinas con la fuerza de una inspiración y el efecto adictivo de una droga dura. Desde resolver las lagunas mentales en torno a los contenidos de la revista (esos tiempos aterradores en los que un editor se pregunta: ¿y ahora con qué lleno las páginas?), hasta la recreación de un partido de fútbol visto en televisión, pero que mediante las fotos de Andrea cobra nuevos bríos, como si uno lo viera por primera vez, su trabajo ha significado un antes y un después en mi manera de disfrutar del fútbol, en mi manera de transmitirlo a los lectores.

El jugador no es más importante que el juego; la atmósfera, el escenario, son los únicos espacios imprescindibles.

Mi escaso o nulo conocimiento de la teoría fotográfica me impide ser asertiva y precisa a la hora de explicar qué elemento en el trabajo de Staccioli lo hace un fotógrafo tan especial. En todo caso, puesta a analizar su material, no puedo sustraerme al magnetismo de una verdad, de un compromiso consigo mismo, que redunda en imágenes conmovedoras, frente a las que es imposible mantenerse indiferentes.

Las fotografías de Andrea, por lo pronto, están basadas en la convicción de que «sólo se puede retratar aquello que bien se conoce», según él mismo ha declarado. Por lo tanto, las imágenes tienden a revelar secretos, intimidades que acontecen en la cancha de juego y que le dan al fotógrafo una categoría fantasmagórica, como si fuera un jugador extra, que no se ve, pero que se manifiesta en modo irrefutable.

Como decimos en México, no sabemos «cómo le hace», pero Staccioli cuenta cosas que no hubiéramos sabido a no ser por sus fotos. Su trabajo narra una verdad que en otro contexto resultaría inverosímil.

Su primera muestra fotográfica, llevada a cabo el año pasado en Roma, se llamó «El fútbol visto de cerca». No puedo dejar de pensar que cerca, en italiano, quiere decir búsqueda, aunque tampoco es cuestión aquí de perderse en los misterios semánticos a que somos tan afectos los que escribimos.

No es poca cosa saber, como ahora sabemos, que antes de ser reportero, Andrea fue tifoso, por lo que también su aproximación al fervor con que los aficionados viven la fiesta del fútbol es la de alguien que ha experimentado en carne propia esa pasión inexplicable del «hincha» contumaz.

En ese sentido, la estética de Staccioli propone una ética del escepticismo frente al mito del héroe futbolístico: en sus fotos, el jugador no es más importante que el juego; la atmósfera, el escenario, son los únicos espacios imprescindibles.

Y luego están el placer, el humor, la alegría...

He visto reír a carcajada limpia a mis colaboradores cuando la serie de sus fotos de Francesco Totti (el gran modelo fotográfico de Staccioli) proporcionó, como no pudieron hacerlo la televisión ni los avisos publicitarios, la dimensión de la extraordinaria personalidad del 10 de la Roma, un jugador tan contradictorio como fascinante, que ha hecho que el campeonato italiano, tan opaco, volviera a valer la pena.

De un tiempo a esta parte vengo diciendo que las fotos de Andrea devuelven el fútbol a su esencia, nos recuerdan por qué amamos tanto el balompié. Sea lo que sea, no quiero olvidarme que el territorio en que crea esas imágenes que nos hacen reír, llorar o sencillamente maravillarnos, es el del periodismo gráfico. En vistas de cómo están las cosas con relación a nuestro oficio, un espacio donde miles de advenedizos y estafadores han venido haciendo su agosto, no puedo más que admirar y agradecer la presencia de un colega que dignifica la profesión que mis mayores me enseñaron a amar y a respetar casi con actitud sagrada. No deja de ser interesante, en este sentido, que Staccioli se haya dedicado al periodismo gráfico como un *outsider* que no recorre las redacciones de los periódicos o revistas, sino asumiendo el riesgo de dirigir su propia agencia fotográfica. Quien sabe si los medios, tan atribulados por sus propias e inflexibles convenciones, hubieran permitido tanta independencia creativa, pero ese tampoco es tema para analizar aquí.

El cantautor brasileño Arnaldo Antunes dice: «La belleza siempre debe ser compartida: es suya, es mía.»

Ojalá disfruten, entonces, de estas fotografías y logren lo que nosotros: llevarlas siempre en vuestros corazones.

Finalmente, y aunque no importe demasiado, de aquella enfermedad que decía yo padecer al principio de este texto ya me he curado: Ahora sólo creo en las fotos de Staccioli.

CHALKIAS
12
10
11

adidas
5

KNVB
20

HENRY
12
PIRES
7

HENRY
12
GIOURKAS
2

La verdad en el terreno de juego

es más voluble que una **dama** en los tiempos del cólera.

Andrea Staccioli también

JUAN
JOSÉ
PANNO

Los jugadores no saben que están posando para Andrea Staccioli. Ellos suponen que simplemente están tratando de resolver una acción de juego y no armando una escena redonda, con profundo sentido del equilibrio y la estética, un cuadrito, una pinturita. Los jugadores hacen lo que tienen que hacer: juegan.

Andrea Staccioli, también.

Una de las fotos de este libro, la de Francesco Totti rodeado de jugadores de Fiorentina, por ejemplo, puede entenderse como una simple acción de juego en la que un futbolista trata de dominar la pelota rodeado de rivales y compañeros, pero sería una simplificación imperdonable quedarse con eso. Si bien se mira, si con ojo atento se mira, Totti está ejerciendo uno de los múltiples oficios paralelos de un futbolista: domador.

Ese balón que pronto va a quedar bajo su suela está ahí, quieto pero huidizo, esquivo, resbaladizo, dispuesto a no dejarse atrapar por cualquiera. Totti, se puede intuir, sabe cómo tratarlo, por dónde entrarle, cómo hacer para dejarlo mansito en los pies de un compañero. Si se prefiere, ese balón es una víbora indiferente que no sabe muy bien cómo y por qué llegó hasta donde está, pero que muy pronto se entregará encantada y seducida a las caricias del pie derecho de Totti, quien suavemente la depositará en el empeine y la dormirá por un segundo que parecerá una eternidad.

Los jugadores de fútbol, por lo general, no posan. Encantan serpientes, doman fieras, bailan danzas de diferentes culturas, dirigen orquestas, ejecutan instrumentos informales, hacen malabarismo, equilibrio, acrobacia, hacen de todo, con la más absoluta naturalidad.

Naturalmente, Andrea Staccioli también.

Los jugadores sí posan para absurdas fotos de capitanes, árbitro y jueces de línea que suelen registrarse antes de cada partido, luego del sorteo de los arcos y que, en realidad, jamás salen publicadas. O posan para la clásica foto del equipo formado con delanteros y volantes en cuclillas, cada vez menos agachados, y los defensores parados detrás, generalmente con los brazos cruzados. Tan mecánico es eso de formarse que pueden llegar a producirse situaciones como esta que contó alguna vez José Francisco Sanfilippo, *crack* que brilló en varios clubes sudamericanos entre 1950 y 1970. «Yo jugaba en el 59, San Lorenzo de Almagro, en la Argentina. Veníamos muy mal, con varias derrotas consecutivas y habíamos hablado mucho entre todos los compañeros para romper con la mala racha esa tarde, que jugábamos contra un equipo chico. Entramos a la cancha y decidimos terminar rápido con el trámite de la foto del equipo formado para meternos de lleno en el partido. Nos acomodamos para la foto, los defensores atrás, los delanteros adelante y recién ahí advertimos la cruda realidad: no había ningún fotógrafo. Ahí comprendimos que estábamos mucho peor de lo que en realidad nosotros mismos suponíamos. Tal vez fue por la depresión que nos produjo ese hecho que esa tarde volvimos a perder.»

El verdadero fotógrafo le escapa a la coyuntura y responde a su propio instinto creativo, a la libertad sin recortes.

Lo normal, claro, no es que los jugadores posen para reporteros fantasmas sino que, por el contrario, sean capturados por la lente de fotógrafos que no se sabe bien dónde están, pero que acechan todo el tiempo en busca de la valorada presa.

Andrea Staccioli es uno de ésos.

El reportero gráfico va detrás del documento; el verdadero fotógrafo va detrás del hecho artístico; el reportero gráfico que trabaja en diarios y las revistas deportivas responde a editores que dicen preferir fotos de fuerza, pero que a la hora de la verdad terminarán reclamando las fotos del penal o el gol; el verdadero fotógrafo le escapa a la coyuntura y responde a su propio instinto creativo, a la libertad sin recortes.

Andrea Staccioli es de estos últimos.

Todas las miradas son posibles, como se sabe, en un partido de fútbol.

El dirigente latinoamericano mira con ojo de buen cubero cuántos centímetros cúbicos de euros podrá dejar la venta del chico que salta violentamente desde la cantera a la primera división y se perfila como un *crack* a corto plazo.

El hincha puro mira con ojos que no ven contrarios y corazón que sólo late con el deseo incontenible de ver el supremo contacto de la pelota con la red de los otros.

El fanático energúmeno mira con ojo crítico cada uno de los movimientos del árbitro para descubrir en qué momento se equivocará en favor del equipo rival —que es lo que inexorablemente hacen todos los árbitros del mundo, según creen ciegamente los fanáticos energúmenos de todo el mundo— para poder desenroscar el repertorio de maldiciones que se le anudan en la garganta.

El *crack* otea el horizonte para saber qué es lo que va a hacer con la pelota cuando todavía falta un movimiento más para que el compañero le dé el pase previsible. Vocación de ajedrecista, que le dicen.

El desenfadado volante creativo ya desarticuló por completo a su marcador y mientras decide el destino de la pelota mira por detrás del hombro si el pobre hombre humillado ya se desanudó o no las piernas. El mismo Enrique Omar Sívori, cuya muerte lloró el fútbol del mundo en febrero del 2005, contó alguna vez que en un partido de la Juventus eludió a un marcador de la Lazio que intentaba molerlo a patadas y parado junto al banderín del corner posó el pie izquierdo sobre la pelota, sacó un hipotético peine del bolsillito del pantalón y simuló peinarse. Cuando el marcador rojo de ira volvió para aniquilarlo, le pasó la pelota por entre las piernas, metió un cambio de frente y se fue a jugar por la otra punta, por las dudas.

El asesino serial disfrazado de vehemente marcador central mira los tobillos del habilidoso número 10 del cuadro contrario para calcular dónde va a dejar estampadas las marcas de sus tapones, con el único propósito de disuadirlo de la innoble idea de atacar por su sector. El uruguayo Julio Montero Castillo, el padre de Paolo Montero, un moreno grandote que tuvo sus épocas de gloria en la década del 60, solía decirle a los habilidosos delanteros de los equipos que enfrentaba: «¡Por acá ni te acerques, eh! ¡Por acá es Vietnam!...»

El director técnico, viejo zorro, mira de reojo al banco para ver cuánta cara de susto pone el joven suplente que intuye que le ha llegado el momento de entrar al campo de juego.

El árbitro justiciero que se cree presidente de la Corte Suprema baja desde sus alturas la mirada hacia al campo de juego para dictaminar si fue o no foul, si cabe o no cabe prisión perpetua, libertad condicional, penal.

El juez de línea mira con ojos cruzados, como buen bizco, dónde estaba el lanzador y dónde el receptor para decidir si es o no posición adelantada y si hay que levantar el banderín o hay que seguir la carrera acompañando la jugada.

La morena hermosa se mira en el espejito de tanto en tanto para ver si se le corrió la pintura o si las mejillas conservan intactos los colores que se pintó para realzar la belleza del fútbol mismo.

El vecino de asiento de la joven hermosa mira a la joven hermosa y por un rato se olvida del partido.

El arquero mira una y otra vez el reloj del estadio rogando la aceleración de las agujas del reloj para que no haya ninguna posibilidad de cambio en su arco intacto, virginal, invicto.

El marcador de punta mira fijo la pelota y no a los ojos del puntero, porque sabe que corre el peligro de caer en la trampa de moverse para el lado incorrecto.

El puntero derecho no mira a la pelota y sólo trata de adivinar en qué momento el defensor va a hacer un movimiento en falso para tomar la ruta triunfal que corre paralela a la raya de cal.

El veterano mira al joven debutante y le envidia la velocidad, la plasticidad de movimientos, la fortaleza física.

El joven debutante mira con admiración la prestancia del veterano que resuelve todo con simpleza.

Andrea Staccioli, que antes de dedicarse a la fotografía fue habitante de la tribuna, conoce muy bien a todos estos personajes y sabe cómo hay que hacer para capturarlos, desnudarlos.

Porque, después de todo, de esto se trata este libro: una mirada potente, brillante y aguda sobre el alma del fútbol.

Champion
19
mazda
SKY
SKY
SKY

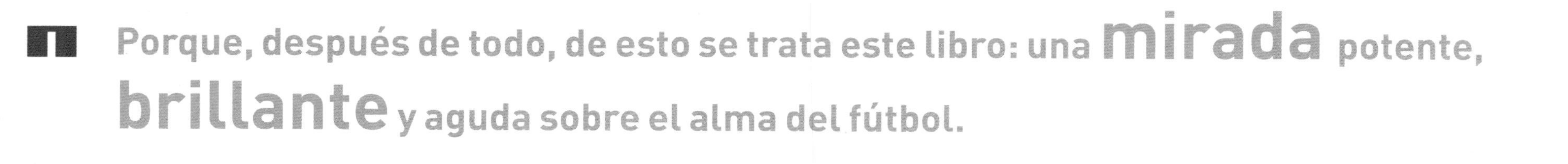
Porque, después de todo, de esto se trata este libro: una **mirada** potente, **brillante** y aguda sobre el alma del fútbol.

20
FAIR PLAY
15

DIADORA
mazda
SKY
SPORT
28

SPORT
10

CUFRÉ

mobile

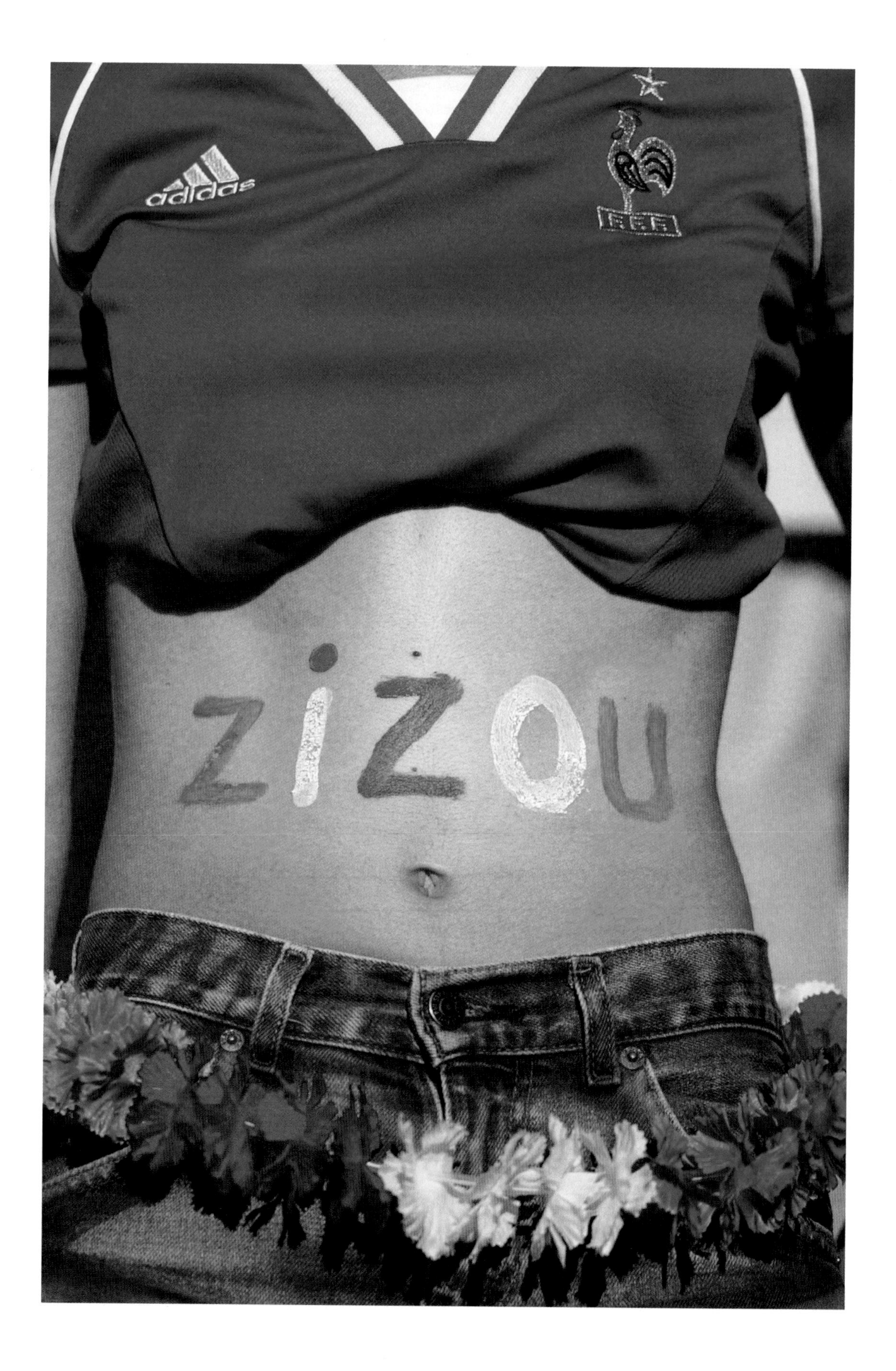
adidas
FFF
ZIZOU

Francesco Totti, el muchacho de Porta Latina

FERNANDO
ACITELLI

El sol que calienta, que conforta inscripciones latinas. El sol que dora el musgo a lo largo del cuerpo de las estatuas y que realza lo infantil o lo viril, vestido de toga o bien descolorido de vejez. ¡Cómo acarician esos rayos los capiteles, los restos de columnas, los mármoles despedazados, cuyas lesiones, en medio de comentarios latinos, parecen amenazar cualquier existencia!... ¡Salvar! ¡Salvar aquellos nombres! ¡Gritarlos al Universo! Y además, aquel sol antiguo que se filtra en la Sala de las Divinidades para bendecir de luz a Zeus, Apolo, Dionisio y a Calígula niño: estatuas alineadas en el pequeño Olimpo preparado en el Museo Arqueológico Romano y que emerge de Albalonga, del Tíber, de una vía consular, de la Villa Adriana, de la Villa dei Quintili, de los misterios de la Via Appia.

Las manos de los hombres que salvaron a esas estatuas fueron ejemplares, al sacarlas a la luz. ¿O el carácter acéfalo de semejantes estatuas derivó de la impericia y el descuido? La obsesión pasa también por aquí cuando se trata de Roma.

Hablaremos de un sol antiguo, hablaremos del sol del barrio Appio Latino, el distrito imperial de Francesco Totti. Su Domus Aurea queda en Via Vetulonia 18, junto al verde ondulado que refresca los Muros Aurelianos.

Este verde leve, pero que se propaga a lo largo de los Muros, acariciando protuberancias tácticas, el *necessarium* de los centinelas y los mármoles solemnes de la Porta Latina y de la Porta Metronia, decretó una sabiduría. Sobre este verde, Totti, saliendo apenas de su casa, se puso a jugar a la pelota, componiendo una nítida secuencia. Y a esa

No tiene sentido hablar de «fuera» de los Muros, la casa de Francesco Totti dista apenas 264 pasos de esta entrada solemne.

disposición suspendida en el aire llegaron dogos, mastines, lobos recostados, perritos inofensivos... no a amenazar esta repetición de estilo —pelota que alternaba entre cabeza, pierna y pie sin dejar de estar en el aire— sino a admirarla. Puras jaurías de mastines y otras sutilezas caninas, apenas limpias, se paraban a admirar, bajo los muros defensivos ordenados por el emperador Aureliano, el peloteo infinito del niño Totti. Un silencio de hombres y perros en fila, en mañanas soleadas o en puestas de sol anaranjadas, manchadas de violeta y anunciando el azul de la noche cristiana. Noche de una esperanza infinita.

Pocas palabras dichas al niño, al genio todavía desconocido. Los asistentes casi callaban su estupor bajo esa luz que bendecía. De niño pasó luego a ser muchacho, un púber. El rubio Totti, ya viril en sus rasgos, ingente en su mirada azul y en su musculatura en pre-explosión, parecía un muchacho de atmósferas clásicas: de caminar elegante y de observar las geometrías de un vestíbulo, de un ambulatorio, de un estanque con fuente en una villa en algún pico sobre el mar. El pensamiento de quien lo observaba podía volar a Capri, a la villa de Tiberio, tan intensa de jovencitos, virilidad y mosaicos, incluso en el fondo de los estanques. Desde lo alto, el emperador acariciaba el mar con su mirada y sabiamente domaba los astrólogos: esa isla era su dimensión espiritual.

Totti se embadurna de pensamiento imperial: la carga de Historia, a su alrededor, despinta, disuelve la mediocridad. Roma no ganó mucho en el juego de fútbol. Y he aquí que de la muchedumbre indistinta surge de improviso un púber... ¿Será quizás él el *homo novus* para las conquistas de fin de siglo y más? La Urbe se interroga sobre esto, pero ya no se expresa en latín.

Estar fuera de los Muros no importa, apenas fuera. Totti nació «fuera» de los Muros. Pero la Urbe se dilató con el correr de los siglos y llevó su pensamiento más allá de esa cinta amurallada. Desde la Porta Latina, ya muda de centinelas, ya no tiene sentido hablar de «fuera» de los Muros, la casa de Francesco Totti dista apenas 264 pasos de esta entrada solemne. ¿Cómo explicarlo? Apenas una mirada y la Historia está a la vista. Un poco lo mismo que para aquel que desde el monte Celio —lugar donde nació Marco Aurelio— puede, desde su ventana, acariciar con su mirada el Coliseo.

Para sentirse «más protegido» y volver a entrar a la Urbe, tan sólo

264 pasos son suficientes, ¡Y casi 800 para bajar al Sepulcro de los Escipiones! ¡Y un millar de pasos más para llegar a las que fueron las Termas de Cómodo! ¿Y para el sepulcro del emperador Getta, entonces? ¡Claro! ¡Getta, el hermano de Caracalla! Un kilómetro, más o menos, fuera de los Muros, sobre la Via Appia, la Regina Viarum, ese fresco de monumentos fúnebres que llevaba de Roma a Brindisi, a ese mar que olía a mundo griego. Totti tenía todo esto alrededor. Digamos, un predestinado a la gloria.

¡El peloteo! ¡No perdamos de vista este detalle! Jugar a la pelota junto a lo clásico, «aplastado» bajo el peso de la Historia, significa proyectar en la mente fotogramas antiguos, repensar todo lo que pasó y así poner a punto —sobre un cuerpo precioso— los ritmos del estupor.

Los Muros Aurelianos, la Porta Latina son una condición existencial: no son iguales a otros si de noche se los mira desde una ventanita. Es como acariciar, no sólo monedas romanas estampadas con perfiles de emperadores, sino monedas imaginarias, siempre soñadas, con el perfil de todo el pueblo romano —uno por uno los hombres de la Historia— en una idea de reconocimiento eterno a todos aquellos que pasaron por la Urbe y por todos los ángulos del Imperio.

Totti, de noche, desde una ventana interior, habrá tenido una sensación similar, y seguramente, entre la serie de perfiles de emperadores, habrá puesto «su» propia moneda.

Esta bien obsesionarse con esta serie de monedas ya que el perfil de Totti es ejemplar. La única cuestión es en qué momento de la Roma Antigua «ubicarlo»: se podría afirmar enseguida que la época de la República no es su tiempo y que en cambio su distinción quedaría mejor con el Imperio —algo de él se ve en la dinastía Julio-Claudia, no en la de los Antonios— pero no es casual colocarlo «también» en el período de la Decadencia, el momento en que el Cristianismo se emplaza en el Imperio, cuando los mármoles de la Roma Imperial comienzan a ser usados para los Bautisterios. Mármol... ¡del Imperio al Bautisterio! ¡He aquí Francesco Totti y su *humanitas*! Porque no es crueldad en Totti ni indicio del Cristianismo, ese sentido del respeto a lo otro —en la vida, se entiende, se sabe qué pasa en un campo de fútbol— y una idea de quietud y felicidad dispersa por todas partes y a favor de cada uno.

Si se intenta observar una reacción suya en el campo de juego, se ve que esa maldad que cada tanto muestra es «actuación», impostada sobre todo con intentos defensivos luego de que el enésimo ataque a sus piernas haya sido consumado. Sus entradas «duras», sus reacciones, están «manchadas» de infantilismo, de accesos de bondad camuflada que, sin embargo, siempre se ve, se decodifica. Le toca a los otros la maldad, el «ultraje», a él le toca como destino la acción, el afirmarse y el desplegar «al vuelo» todo su pensamiento. Totti seduce con su potencia y mira adelante, habiendo recibido el balón y listo para el choque: la idea de la emboscada de los «bárbaros» —en la selva de Teutoburgo con la derrota de Publio Quintilio Varo en el año 9 después de Cristo— es la imagen con la que vive desde siempre.

La fidelidad se expresa en la sonrisa, en el beso frecuente luego de cada gol suyo, después de cada gol de la Roma: beso al cielo, a la mano izquierda donde reside una fe de oro, a la camiseta, a las gradas. En una mueca, en un reniego lírico —oh maniobra maravillosa que no se concretó— parece querer excusarse con todos aquellos que habían puesto sobre él cada esperanza y que habían reequilibrado su propia existencia confiando exactamente en la grandeza de su número 10.

No, Totti no podrá nunca cambiar de equipo. Totti es Roma y el barrio Appio Latino que baja a los campos de Italia, de Europa y del mundo. Difícilmente se pueden comprender semejantes sentimientos si no se nace en Roma o no se despliega la propia existencia bajo el sol de la Urbe y junto a sus Muros, los servianos o los aurelianos. Se entiende en lo exultante y en el dolor de Totti, en aquella fuerza para defender el balón como si, de cuanto está por surgir, pudiese depender el destino y la alegría de la ciudad entera. Nunca una ciudad se identificó así con alguno de sus hijos. A ningún otro futbolista se le perdonaron vivacidad y lirismo infantiles. Él es juventud eterna, el mar de Ostia en verano, la interminable fila de automóviles bajo el sol ardiente para llegar a la playa colorida y confortante. Y más, el estacionar frente al bar con los amigos en la eterna charla sobre el fútbol y sobre la vida. Es su sonrisa y su astucia buena que hacen amarlo.

En el barrio residencial del centro del campo, Totti es el déspota del «pensamiento al vuelo» y el cavador de zanjas de cada intuición débil, grácil, al alcance de todos. Cada pensamiento suyo ilumina la maniobra y calma la mente de todos aquellos que lo están observando. Al ver uno de sus lanzamientos al vuelo el ánimo se vuelve a alegrar, y el bien hacia los otros parece estar al alcance de la mano.

Sin crueldad, sin embargo, parece que debiera disolverse la idea de emperador, de ese perfil estampado en una moneda. Pero el ánimo de un perfil, y por lo tanto el de una existencia, se puede leer en una moneda romana —fotograma extraordinario de la antigüedad, film mudo, espectacular— y no siempre lo que está narrado por un historiador corresponde a la verdad de este hombre. Una moneda, si se sabe «discernirla» bien, puede a veces revelar mucho más que un escrito. A nosotros nos toca reescribir la Historia —serán los otros en los siglos por venir el sendero hermenéutico y siempre en fermento— observando apenas una nariz aguileña (Nerva) o un cuello taurino (Vitelio) o además un doble mentón acariciado por rizos de barba rubia (Nerón).

En cuanto a Totti, hablaremos entonces de un perfil benévolo de emperador, de aquellos hombres de mente no encandilada, de aquellos que, llevando siempre en el corazón el destino, las conquistas y la defensa de Roma, podían preguntarse por el sentido de la vida y de la eternidad.

Pero para un fanático del equipo, la figura del emperador parece distante. Este último encarna, «sin embargo», la figura del «tirano», y toma cuerpo entonces en el alma de la multitud la idea de aquel que se promete a la causa de los últimos, de un Catilina, de un Clodio, en suma, de un noble que vuelca su mirada hacia la plebe. Uno se mueve sobre estas dos vertientes cuando se trata de Totti: el emperador junto a su *magister militum*, que garantiza las conquistas, que codifica en el mármol la grandeza; el noble iluminado, que quiere hacer de su propia vida una novela. Quizás, reflejandola en monedas romanas. La idea final sería la de los dos perfiles de Totti: la de un lado el perfil imperial y, del otro, un rostro aristocrático que muestre su preferencia por el pueblo. ¿Y, en el fondo, no somos todos nosotros los que cotidianamente buscamos equilibrar nuestro quieto estrabismo reflejando el cielo y la tierra?

TOYOTA
DIADORA

mazda

DIADORA

9

La fidelidad se expresa en la **sonrisa** después de cada gol de la Roma.

TOTTI
10

Staccioli: El arte de sacar o Trapattoni revisitado

JUAN

SASTURAIN

nes complementarias respecto de ese eje, el partido: el entrenador que entrena antes, el director que dirige durante y el responsable que declara después. En cada uno de esos contextos diferentes Staccioli le saca fotos, lo saca a secas cada vez, distinto y el mismo. La gestualidad y la actitud postural del conductor de la selección italiana, siempre enfáticas y expresivas, garantías de protagonismo, aparecen subrayadas distintivamente en cada secuencia.

Así, el Trapattoni que entrena para jugar —competir— o ensaya para la función, el espectáculo, tiende a diluirse entre sus jugadores en apariencia y actitudes, con comportamientos que exceden la estricta función: no sólo los entrena —muestra Staccioli— sino que entrena «con» ellos e incluso solo. De lejos es un jugador más y no permanece fuera de la escena sino adentro, juega él también: con la pelota, con su propio cuerpo, con la red. Según el registro de Staccioli, con amplio contexto verde y cierta actitud de ensimismamiento, intuimos que Trapattoni nunca ha dejado de ser jugador; sólo le ha sumado la tarea de entrenar, un pretexto acaso para seguir jugando.

Pero entrenar es —en parte— también ensayar, intentar hacer cada vez mejor en privado lo que habrá que mostrar en público: un partido de fútbol es, en tanto espectáculo, una función, una performance con variantes psicológicas como el «miedo escénico» mentado por Valdano y otros. Desde esa perspectiva, Trapattoni ensaya de fajina e indiferenciado de sus intérpretes pero, a la hora de la exhibición pública, para dirigir la función toma distancia de ellos. En la línea que han impuesto los técnicos italianos —Sacchi, Lippi, Angelotti, Mancini, Rainieri, Capello...— el entrenador «se viste para salir» a la cancha, se exhibe en el estrado de director y como tal dirige.

Contra la fugacidad, el fotoperiodista se exige disparar –por correr y por gatillar– para que «la» foto, cuando se presente, lo encuentre disparando.

Staccioli apunta a Trappatoni durante la función y lo sorprende casi siempre fuera del banco, habitualmente «sacado». Pero no siempre sacado para dirigir sino sacado de su función, desdoblado al extremo: porque si el entrenador nunca dejaba de jugar, el director no ha dejado de ser espectador, simpatizante, tifoso. Así, el Trapattoni que muestra Staccioli no se dirige sólo a sus intérpretes —para indicar, alentar o admonizar— sino que comenta al árbitro, interpela a los rivales, dialoga consigo mismo y con la Providencia... El gestuario se hace particularmente aparatoso, revela una voluntad histriónica que el fotógrafo subraya mostrándolo mientras pone el cuerpo, se expresa como un actor de amplio registro, al que la función tiene simultáneamente como protagonista y espectador privilegiado.

La tercera instancia en que Staccioli le saca fotos a Trapattoni es en la conferencia de prensa posterior a los partidos, en la que el entrenador/director técnico, a diferencia de lo que sucede en los otros momentos —antes cuando entrena y durante cuando dirige— es sujeto único de la atención y tiene un interlocutor inmediato diferente: la prensa. Ahí, en la instancia de rendir cuentas, de «dar la cara» y poner en palabras razones y causales, el lenguaje corporal queda reducido a la expresividad del rostro y las manos. El primer plano va a ser el revelador, y ahí lo saca el fotógrafo. Ahora las manos siguen siendo expresivas —no conocen la parquedad— pero son los ojos los que revelan, y pueden llegar a señalar «en otro sentido»: así, Staccioli registra simultáneamente el lugar de la voluntad con su necesidad de transmitir convicción —incluso en la derrota— y la dimensión del sentimiento que literalmente «asoma» a los ojos.

En la secuencia que va de entrenar a dirigir y de ahí a testimoniar, el sujeto queda cada vez más solo ante el objetivo del artista; también, cada vez más expuesto: de la privacidad —el no ser observado del entrenamiento—, a ser una parte significativa —durante la función—, y de ahí a la exposición programada y absoluta de la conferencia de prensa. El arte de Staccioli lo saca en cada instancia. El ensimismado que juega y piensa mientras entrena; el que actúa alevosamente —dedos en la boca, gestos al Cielo— durante el partido y el infructuoso dialéctico que subraya con el índice mientras se le apagan los ojos claros ante lo irremediable de la conferencia de prensa.

Todo lo que se pone en juego y en cuestión cada vez que la pelota corre y las pasiones se enfilan está aquí, elíptica, sabiamente referido. Que Andrea Staccioli haya elegido el fútbol —o haya sido elegido por él— para sacar fotos es una suerte a compartir que estos testimonios corroboran.

DIADORA
mazda

TIM
PUMA
TIM
ITALIA
PUMA
ITALIA

ITALIA

ITALIA

Trapattoni nunca ha dejado de ser **jugador**, sólo le ha sumado la tarea de entrenar.

7

THURAM
15
18
BPI
SKY
SPORT

BECKHAM
23

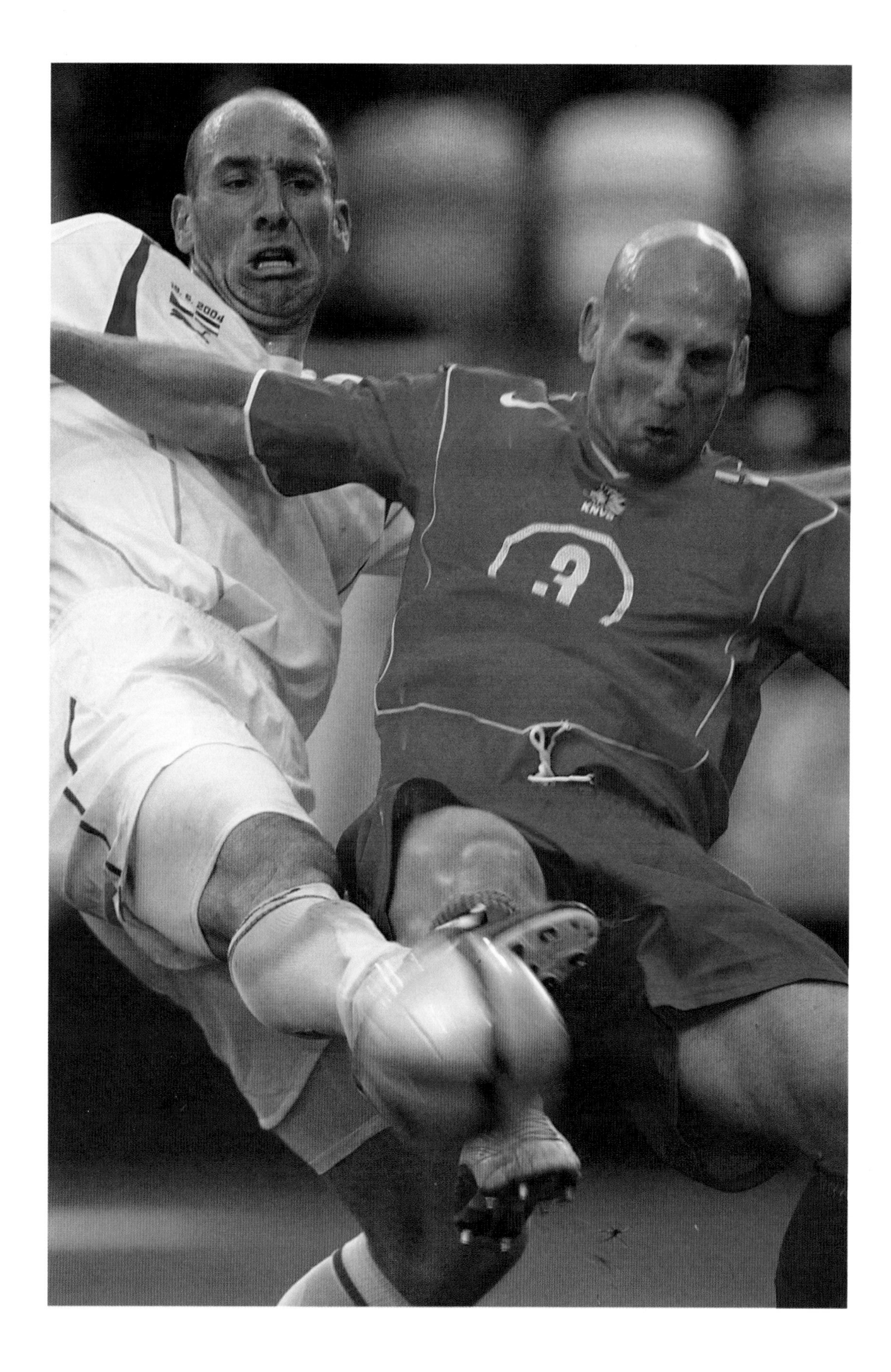

KOLLER
9
STAM
3

Las fotos y yo

CÉSAR

LUIS

MENOTTI

Yo tengo una relación muy mía, muy especial, con la fotografía, porque pienso que es la que te recompone la vida, la que te va ligando los recuerdos. Cuando la vida te va pasando, la fotografía es un testimonio de la memoria, porque a veces uno no se acuerda de muchas cosas. No se acuerda, por ejemplo, cómo era uno cuando tenía 20 años y se empieza a imaginar uno mismo con 20 años hasta que se ve reflejado en la fotografía y tiene la certeza de cómo era. Sobre todo cuando la fotografía tiene arte en el que las hace, como esta colección de Andrea Staccioli, porque encuentran el momento exacto que se pierde desde la memoria porque ésta no la puede resguardar. La memoria es el momento, pero la fotografía te agrega el gesto, la cara, la interpretación. Por ejemplo, yo me acuerdo de mi padre, que falleció cuando tenía 15 años, pero no podría dibujarlo porque la memoria es difusa, pero si lo veo en una foto es como que lo recupero en toda su expresión.

La foto es un testimonio que avala y sostiene a la naturaleza y eso depende de la pericia y la capacidad del fotógrafo. Un paisaje puede ser una foto vaga, pero en manos de un artista esa foto cobra vida, con un rancho o con la expresión de una persona. Te permite imaginarte cosas que por ejemplo no te deja una filmación que tiene un principio y un fin, con una historia que quiere contar el que la filma. La foto te deja imaginar más. La historia se la pones tú. Esa cara que ves en el festejo de un gol o en una jugada, vos la puedes desarrollar desde lo que sientes con mucha más aplicación de tu sentimiento que una filmación.

La foto documenta la memoria, es el complemento ideal a los recuerdos. Yo tenía un tío que fue amigo de Carlos Gardel y que era hermano de Isabel Martínez de Perón, que es tía segunda mía, y cuando veo las fotos de mi tío me acuerdo las historias que él me contaba de Gardel y que están documentadas allí. La fotografía es apasionante.

Yo tengo toda mi carrera como futbolista y técnico documentada en fotografías. En realidad casi toda, porque mi carrera ha sido muy extensa. Pero las que más recuerdo son unas fotos que me sacó en la década del 60 la revista *El Gráfico* que, en esa época, dirigía un gran periodista, Dante Panzeri. Las recuerdo porque no fueron fotos comunes, sino que allí retrataron todos mis gestos técnicos, cómo paraba la pelota, cómo le pegaba y el título de la nota era «Que se encienda esta luz». Fue muy grato porque fue para mi debut en la selección argentina como jugador.

Como entrenador, la foto que más quiero es la de Huracán en 1973, porque fue cuando yo empezaba mi carrera. En esa época todos los entrenadores vestían con ropa deportiva y yo en cambio de saco y corbata. Cuando me preguntaban la razón, hacía chistes y decía: «Yo al teatro Colón (principal teatro argentino) voy de saco y corbata»». Lo que son las cosas: ahora todos visten de traje.

Hay fotos que yo no tengo, que nunca me preocupé en conseguir y que ahora extraño, como si me las hubieran robado. Me gustaría tener fotos con Pelé, cuando jugábamos juntos en el Santos, o una cuando jugué en contra del gran Enrique Omar Sívori. También y esto por culpa mía tampoco tengo testimonios de las visitas a mi casa de Paco de Lucía o Mario Benedetti, porque soy muy vergonzoso y no me animé a pedirles que se sacaran una foto conmigo. Debe haber por ahí fotos de cuando dirigía la selección mexicana, pero no la tradicional todos formaditos, sino aquellas informales de entrenamiento, como debe haber alguna foto de mi encuentro con el gran caudillo uruguayo del Mundial del 50, Obdulio Varela, pero yo no las tengo y las anhelo.

Lamentablemente yo soy un ser más de oreja que de vista. Tengo poca imaginación para la fotografía como para la pintura, me cuesta, no tengo arte para hacerlas. Por eso aprecio mucho más a aquellos artistas que plasman todo su talento en una fotografía. Me gusta mucho verlas, apreciarlas, éstas lo tienen. Uno mira las expresiones de los jugadores y puede imaginarse una historia en cada foto. Quizás no sea la misma historia que imagina el que la sacó, ni el que la protagonizó, y en eso consiste ese arte. Recomponer la memoria testimoniándola y agregándole cada uno sus propios recuerdos para enriquecerla. Por eso amo las fotografías y anhelo las que no tengo, como si fueran lagunas en mi memoria.

DEL PIERO
MALATO

CAFU
2

MEXES
5

ITALIA
ITALIA

ITALIA

SHEVCHENK
7

MONDO
FIFA
RELLI

BUFFON
1

TOTTI
10
CASSANO
18

GATTUSO
8

21
GIDURKAS
2
9
KAPSIS
19

THURAM
15
LIZARAZU
3
HENRY
12

El balón y la cabeza

JUAN

VILLORO

La mente da en el poste

Supongo que al final de un torneo de ajedrez, Karpov y Kasparov ven los rostros como una oportunidad de que la nariz se convierta en un caballo y se coma un ojo. Lo mismo pasa con el enfermo de fútbol. Para desacreditar de una vez cualquier asomo de sensatez en estas páginas, confieso que una tarde de fiebre resolví que, si los jarabes fueran futbolistas, la más temible media cancha estaría integrada por los contundentes *Robitussin*, *Breacol* y *Zorritón*. El aficionado *in extremis* lleva una pelota entre los oídos. Rara vez trata de defender lo que piensa porque está demasiado nervioso pensando en lo que defiende. Cuando los suyos pisan el pasto, el mundo, el balón y la mente son una y la misma cosa. Con absoluto integrismo, el fanático reza o frota su pata de conejo; en ese momento Dios es redondo y bota en forma inesperada.

Sería exagerado decir que todas las minorías ajenas al fútbol le profesan enemistad. A pesar de las obvias carencias de quienes creen que gritar «¡síquitibum!» sirve de algo, hay quienes no honran al fútbol con otra reacción que la indiferencia. Pero tampoco falta el que ofrece sus cerillos para que el fútbol arda en hogueras ejemplares. Odiar puede ser un placer cultivable, y acaso las canchas cumplan la función secreta de molestar a quienes tienen honestas ganas de fastidiarse. Cada tanto, un Nostradamus sin otro apocalipsis en la agenda ve un partido, se chupa el dedo y decide que el viento sopla en pésima dirección. ¿Cómo es posible que las multitudes sucumban a un vicio tan menor? El diagnóstico empeora cuando el Mundial interrumpe las sobremesas y los matrimonios: los amigos que parecían lúcidos hablan de croatas impronunciables. Sin embargo, despotricar contra los malos gustos es inútil; nuestra amiga María preferirá hasta la eternidad los mangos verdes y Nicole Kidman galanes imposibles de elogiar.

El oficio de chutar balones está plagado de lacras. Levantemos veloz inventario de lo que no se alivia con el botiquín del masajista: el nacionalismo, la violencia en los estadios, la comercialización de la especie y lo mal que nos vemos con la cara pintada. Todo esto merece un obvio voto de censura. Pero no se puede luchar contra el gusto de figurarnos cosas. Cada aficionado encuentra en el partido un placer o una perversión a su medida. En un mundo donde el erotismo va de la poesía cátara a los calzones comestibles, no es casual que se diversifiquen las reacciones. Los irlandeses aceptan el bajo rendimiento de su selección como un estupendo motivo para beber cerveza, los mexicanos nos celebramos a nosotros para no tener que celebrar a nuestro equipo, los brasileños enjugan sus lágrimas en banderas *king-size* cuando sólo consiguen el subcampeonato y los italianos lanzan el televisor por la ventana si Baggio falla un penal.

El hombre en trance futbolístico sucumbe a un frenesí difícil de asociar con la razón pura. En sus mejores momentos, recupera una porción de infancia, el reino primigenio donde las hazañas tienen reglas pero dependen de caprichos, y donde algunas veces, bajo una lluvia oblicua o un sol de justicia, alguien anota un gol como si matara un leopardo y enciende las antorchas de la tribu.

En sus peores momentos, el fan del fútbol es un idiota con la boca abierta ante un sándwich y la cabeza llena de datos inservibles. Es obvio que la Ilustración no ocurrió para idolatrar héroes cuyas estampas aparecen en paquetes de galletas ni para aceptar el nirvana que suspende el juicio y la mordida. La verdad, cuesta trabajo asociar a estos aficionados con los rigores del planeta postindustrial. Pero están ahí y no hay forma de cambiarlos por otros.

En sociedades descompuestas *Hamlet* es una incitación a matar padrastros y el fútbol a cometer actos vandálicos o declarar la guerra. Para ser legítimas, las taras de los hinchas deben resultar tan inofensivas como la costumbre que los futbolistas tienen de escupir. Quienes hemos corrido infructuosamente tras un balón sabemos que escupir no sirve para nada, pero escupimos. Se trata de un mantra, como el del tenista que se concentra acariciando las cuerdas de su raqueta, sólo que más guarro. Llegamos a un punto esencial: si combatir al fútbol es tan infructuoso como perder el ánimo ante la supervivencia de las estudiantinas, elogiarlo carece de efecto proselitista. Nadie se con-

vence «en teoría» de extasiarse con un gol. Hablar de un entusiasmo tan compartido y vulgar depende de otras claves: alargar en palabras los prodigios instantáneos, imaginarlos minuciosamente hasta que se conviertan en un dominio autónomo, un edén podado al ras. En suma: sustituir a un Dios con prestaciones que no trabaja los domingos.

En los partidos de mi infancia, el hecho fundamental fue que los narró Ángel Fernández, capaz de transformar un juego sin gloria en una trifulca legendaria. Las crónicas de fut comprometen tanto a la imaginación que algunos de los grandes rapsodas han contado partidos que no vieron; casi ciego, Cristino Lorenzo fabulaba desde el Café Tupinamba; el «Mago» Septién y otros pocos lograron inventar gestas de beisbol, box o fútbol, a partir de los escuetos datos que llegaban por telegrama a la estación de radio.

Por desgracia, no siempre es posible que Homero tenga gafete de acreditación en el Mundial y muchas narraciones carecen de interés. Pero nada frena a pregoneros, teóricos y evangelistas. El fútbol exige palabras, no sólo las de los profesionales, sino las de cualquier aficionado provisto del atributo suficiente y dramático de tener boca. ¿Por qué no nos callamos de una vez? Porque el fútbol está lleno de cosas que francamente no se entienden. Un genio curtido en mil batallas roza con el calcetín la pelota que hasta el cronista hubiera empujado a las redes; un portero que había mostrado nervios de cableado de cobre, sale a jugar con guantes de mantequilla; el equipo forjado a fuego lento, pierde de golpe la química o la actitud o como se le quiera llamar a la misteriosa energía que reúne a once soledades. Los periodistas de la fuente deben dar respuestas con detalles que las hagan verosímiles: el abductor frotado con ungüento erróneo, la camiseta sustituta del equipo (es horrible y provoca que fallen pénalties), el osito que el portero usa de mascota y fue pateado por un fotógrafo de otro periódico.

El novelista que analiza tobillos eminentes puede ensayar conjeturas más desaforadas e indemostrables. Ya lo dijo Nelson Rodrigues: «Si los datos no nos apoyan, peor para los datos». La indagación literaria del fútbol parte de un presupuesto: la mente decide los partidos y jamás sabremos cómo opera. Lo importante resulta imponderable; los lances no derivan del rendimiento atlético sino de una hablidad secreta. Zidane filtra el balón a un hueco donde no ocurre nada pero ocurrirá Raúl; Romario hace un quiebre y prepara el perfil izquierdo: todos los ojos del estadio miran el ángulo equivocado; Valderrama se detiene, baja los brazos y duerme de pie; su siesta representa la forma más sorpresiva del ataque: la pausa.

Al escrutar estos asombros, el cronista renuncia a tener la razón absoluta; juega contra su sombra al modo de Gesualdo Bufalino: «Cada día lanzo pénaltis contra mí mismo. Por gracia o por desgracia doy

siempre en el poste». El fútbol es una condición subjetiva. Imposible saber si acertamos al interpretarlo. No hay solución a la infinita tarea de confundir el balón con la cabeza.

El sentido de la tragedia

El *crack* sólo existe rodeado de cierto dramatismo. Aunque las biografías de los futbolistas nunca son tan tristes como las de las patinadoras en hielo, hay que haber sufrido lo suficiente para tener ganas de patear al ángulo. En 1998, durante el Mundial de Francia, asistí a un entrenamiento de Brasil. De pronto, Giovanni y Rivaldo se apartaron del conjunto y jugaron a dispararle al larguero. Giovanni acertó 12 veces seguidas y Rivaldo 11. Ningún humano nace con tal capacidad de teledirección. Se requiere de un pasado roto o necesitado o muy extraño para alcanzar tan obsesivo virtuosismo. Como la caminata o el ballet, el fútbol permite sublimar el sufrimiento con molestias físicas. Quienes tienen poca habilidad para convertir sus traumas en toques acaban de defensas; quienes tienen más problemas que talento, se especializan en la variante futbolística del *performance*: romper el juego y los tobillos.

Sabemos por Tolstoi que las familias felices no producen novelas. Tampoco producen futbolistas. Hace falta mucha sed de compensación para exhibirse ante 110 mil fanáticos en el Estadio Azteca y billones de curiosos en la mediósfera. El hombre canta ópera o rompe récords porque le pasó algo horrendo. En los juegos de conjunto, el sentido de la tragedia debe tocar a todo el colectivo. Pensemos en Holanda: su drama futbolístico estriba en carecer de drama. La patria de Rembrandt tiene suficientes claroscuros para provocar riñas en sus bares o hacer interesantes las novelas de Harry Mulisch; sin embargo, a sus futbolistas les falta una dosis de dolor para ganar partidos. El problema viene desde la legendaria «Naranja Mecánica». En el Mundial de 1974 Holanda era una fábrica de goles tan rotunda que podía darse el lujo de alinear a un guardameta con más aptitudes de jardinero; su capitán, Johan Cruyff, usaba el número 14, entonces insólito o aun irreverente, y desafiaba las normas apareciendo en cualquier lugar del campo. El sistema rotativo del equipo rozaba el sadismo porque incluía a dos gemelos idénticos, los Van der Kerkhof, y uno confundía todo el tiempo a René con Willy. Holanda se impuso como una forma del futuro y llegó a la final contra Alemania, una escuadra veterana, más orgullosa de sus cicatrices que de sus facciones (algunos de sus gladiadores habían protagonizado épicas caídas: la final de Wembley, en 1966; la semifinal de México, en 1970). El juego avasallante de «La Naranja Mecánica» sólo era criticado con elocuencia por Anthony Burgess, a quien el fútbol siempre le pareció una ordinariez y en esos días padecía que su novela se asociara, no sólo con una película que no le gustó gran cosa, sino con once neerlandeses en estado de sudoración. Para el resto de los comentaristas, Holanda simbolizaba el renacimiento en la cancha. Suspendamos el relato para que comparezca un concepto que involucra a la historia de las mentalidades y tal vez a la transmigración de las almas: la tradición. A menudo sucede que un equipo pierde en un estadio porque siempre ha perdido en ese estadio. De poco sirve que llegue invicto en 20 partidos y con un centro delantero al que *Nike* le fabrica zapatos dorados. El azar o los dioses o los canijos vientos hacen que pierda en esa cancha. El determinismo de la tradición futbolística resulta abrumador. Puede suceder que todos los que fueron derrota-

La tragedia inventa insólitos recursos; a veces el fútbol se parece a la canción ranchera y lo bueno consiste, precisamente, en salir ultrajado.

dos la vez anterior ya estén en otros equipos o se hayan retirado. Los nuevos sólo comparten con ellos la camiseta, pero la tradición arrebata balones decisivos. Aunque a veces estos mitos se derrumban, casi siempre definen el resultado. Algo así ocurrió en 1974. Holanda jugaba mejor pero carecía de la tradición que se adquiere haciendo gárgaras amargas. Alemania Federal cargaba con un juego predecible y mucho lastre; perdió contra Alemania Democrática, le ganó a duras penas a Chile, padecía la presión de un público que exigía motivos para ser pangermánico. Parecía difícil que se impusiera. Pero Alemania estaba apoyada por las sombras largas de los muchos que sufrieron en su nombre. Además, Holanda estaba contenta. Los futbolistas anaranjados bebían buen vino, fumaban un cigarro o dos en el descanso del partido, recibían las visitas de sus esposas o sus novias (o sus esposas y sus novias). Los alemanes llegaron a la final como deportados del frente ruso. Naturalmente, ganaron el partido.

Cuesta trabajo que Holanda se preocupe. En la Eurocopa 2000 fue la selección mejor afeitada del continente. Como jugaba en casa, las gradas se llenaron de alegres trompetistas. Un marco perfecto para un amistoso, no para la guerra. Cuando Kluivert falló dos pénaltis en el mismo partido, las cámaras enfocaron al príncipe de Holanda: sonreía como si estuviera en una feria. La escena revela la poca repercusión que un chut fatal tiene en los Países Bajos. No vamos a encomiar aquí la antropología del desastre, pero en Brasil una situación equivalente hubiera llevado a varias sacerdotisas a decapitar gallos a mordiscos y a algunos discapacitados a arrojarse al agua con sus sillas de ruedas. Holanda sólo saldrá campeona cuando se deje afectar por complejos y frustraciones que hasta ahora desconoce.

El sentido de la tragedia inventa insólitos recursos; sin embargo, a veces el fútbol se parece a la canción ranchera y lo bueno consiste, precisamente, en salir ultrajado: «¡qué manera de perder...!» El francés Karembeu, que pasó por el Real Madrid en calidad de costoso suplente, se lleva todas las fotos cuando abandona el campo con una angustia épica, de jerarca recién destronado. No cae ante sus congéneres, cae ante el destino. Obviamente, esta sufriente manera de salir bien en las fotos le conviene más a los periodistas que al club.

Otros capitalizan aún mejor la tragedia. El portugués Victor Baia es un elegante cultivador de la indiferencia. Como los felices holandeses, el ex portero del Barcelona dedica sus mejores energías a afeitar-

El fútbol ofrece tal repertorio de conductas que no hay modo de codificarlas, sobre todo porque muchas de ellas son hipócritas.

se. Sus patillas parecen trazadas por Dalí. Tal vez por venir del país de la *saudade*, perfeccionó a tal grado su melancolía que luce espléndido cuando le anotan. Esta aproximación chic al desastre no ayuda a ganar partidos pero salva la reputación del mártir excelso.

El fútbol ofrece tal repertorio de conductas que no hay modo de codificarlas, sobre todo porque muchas de ellas son hipócritas. Arena donde los egocéntricos declaran como hombres humillados y los virtuosos hacen cualquier cosa por engañar al árbitro, el fútbol depende de simulaciones, en ocasiones tan naturalistas como la que protagonizó el portero de la selección chilena Roberto Cóndor Rojas, en septiembre de 1989. El teatro era Maracaná, y el motivo de la función, eliminarse para el Mundial de Italia. El 1 chileno salió al campo con una navaja escondida en uno de sus guantes. Al ver que difícilmente podrían remontar el 0-1 que les había endilgado Careca, aprovechó que una bengala pasó cerca de su portería para desplomarse; sin que nadie lo notara, se cortó la frente de un navajazo. Cuando el árbitro se acercó a atestiguar la sangre, el guardameta informó que había sido alcanzado por la bengala. Los chilenos se negaron a reanudar el partido. Aunque estaban condenados a una derrota de 1-0 por abandono, podían revertir el resultado en la mesa de negociaciones si comprobaban que no había condiciones para jugar. Lo más extraño de la historia es que Rojas acabó confesando. Actor al fin, no soportó sobrellevar su embuste sin ser reconocido. La FIFA lo proscribió a perpetuidad del fútbol profesional. En los montajes sobre la hierba, el que engaña una vez debe engañar siempre.

Fútbol teatral

Hace años conocí a un hombre que había muerto 200 veces. Trabajaba de doble en películas de narcos y traileras o en ocasionales *westerns* filmados en Durango. Era experto en rodar por escaleras, caer de balcones y ser atropellado. Se retiró por un problema en la columna y procuró aliviarlo con analgésicos que le causaron una úlcera, saldo bastante benévolo en su línea de trabajo.

Aquel profesional de la muerte fotogénica podría haber sido futbolista. Ningún otro deporte admite tan alta cuota de histrionismo. De pronto, un delantero vuela por los aires, cae con espectacular pirueta, rueda sobre el pasto, se lleva las manos al rostro y se convulsiona en espera de que el árbitro saque la tarjeta roja o, de perdida la amarilla.

¿Qué ocurre con el atleta en estado de estertor? Es atendido con una esponja húmeda en la frente y buches de agua. En unos segundos se recupera sin otra calamidad que el pelo empapado y la camiseta desfajada. Escenario de la resurrección, el fútbol ofrece seres agonizantes que vuelven a correr. Cuando la patada de veras da en el blanco, el agraviado se queda quieto.

El faul simulado pertenece a la costumbre. Como también los árbitros ven televisión, saben quiénes son los más propensos a venirse abajo, y a veces no les marcan ni las faltas verdaderas: el silbante confunde al herido con un contorsionista y lo amonesta con el orgullo de quien devela una placa de cien representaciones.

En el beisbol sería impensable que un bateador se tirara alegando que el pícher lo golpeó con una pelota invisible; en el fútbol americano ningún *fullback* detiene su carrera para fingir que un defensivo lo trata con «rudeza innecesaria». Sólo el fútbol fomenta las faltas imaginarias. En parte, esto se debe a que sus jueces se equivocan más. El pícaro de guardia puede sacar ventaja del sudoroso hombre de negro que lo vigila a extenuantes 20 metros de distancia.

Un lance de Francia '98 ayuda a comprender el poderío de la pantomima. Diego Simeone, el argentino que ha sido símbolo de entrega en el Atlético de Madrid y el Inter de Milán, mostró su amor a las candilejas en el partido contra Inglaterra. La justa había despertado tanto interés como si ahí se dirimiera el destino de las Malvinas. El primer tiempo rebasó todas las expectativas con un peleado 2 a 2 y un gol de museo del novato Michael Owen. Sin embargo, en el segundo acto David Beckham, dueño de un refinamiento en el chut sólo superado por su corte de pelo, sufrió un encontronazo con el «Cholo» Simeone. Beckham le lanzó una patada discreta pero intencionada. Hasta aquí todo entraba en la rijosa lógica del reino animal. Entonces llegó la isabelina venganza de Simeone: el «Cholo» se desplomó como un ensartado Mercutio. Gracias a este gesto, la merecida tarjeta de amonestación alcanzó el rubor de la expulsión. Un par de años después, con motivo de un Machester-Inter, que volvió a enfrentar a Beckham y a Simeone, el argentino reconoció su treta. Si uno de los mejores se disfraza de comediante, ya podemos suponer lo que ocurre con quienes no disponen de otro recurso que el dramatismo. Como aquel doble que sucumbió 200 veces, ciertos futbolistas sobreviven a base de muertes transitorias.

La creación de lo invisible

Como su nombre lo indica, la Nandrolona es una sustancia poco confiable que ayuda a correr pero puede provocar cáncer de hígado. Nadie la toma por su sabor. Lo malo es que a veces la selección te lleva de Australia a Corea y de ahí a Texas, y en algún sitio te dan de comer un pollo inflado con Nandrolona. Si eres uno de los dos elegidos para orinar después del juego, tu carrera está en peligro.

También se dan casos de atletas intoxicados, no por el azaroso consumo de pechugas en tres continentes, sino por el preparador físico. No es fácil consolar a un jugador que extraña a su familia o, peor aún, que no sabe lo que extraña y mira los muebles como si estuvieran en el último sitio de la tabla de clasificación. Para eso sirven las grajeas motivacionales. Los futbolistas desayunan píldoras como para un banquete de astronautas. No todas son vitaminas; algunas son antioxidantes, otras son moradas. De estas últimas, depende que el médico del equipo conserve su trabajo. Cuando el doctor dice que el dopaje no ayuda a jugar como Maradona, significa que receta estimulantes al límite de ser detectados.

En el fútbol moderno un equipo dirime intereses millonarios dos veces a la semana. Esto ha llevado a una tensa relación entre los remedios químicos y el peligro de que sean descubiertos. Los turboenergéticos son el supersticioso recurso de laboratorio de una actividad donde Rivaldo, que desde hace un año camina como si hubiera pisado un nopal, debe correr el próximo domingo. Los tónicos se parecen a la

El futbolista debe combinar el narcisismo del que desea mostrarse a toda costa con la vocación de encierro de una monja de clausura.

vida después de la muerte: más vale creer en sus efectos por si acaso existen.

No hay equipo sin pastillas ni paranoia fisiológica. Para protegerse de un mundo contagioso que hace que el *crack* orine un misterio, las escuadras se concentran en reclusorios de cinco estrellas donde mastican milanesas rigurosamente vigiladas.

El temor al contacto sexual no es menos fuerte. Se sabe de entrenadores cuya principal táctica consiste en enviar flotillas de prostitutas al hotel del enemigo. Antes de lanzar su ataque, el entrenador da una plática de pizarrón: no se trata de satisfacer a los rivales, sino de reducirlos con la extenuante incomodidad de las películas porno.

El desgaste se evitaría permitiendo visitas conyugales en las concentraciones. Pero en el fútbol casi todo es metafísico. Una sabiduría conventual indica que el jugador que eyacula en vísperas del partido se priva del deseo de sublimarse en esa versión trascendente del orgasmo que es el gol. A las verduras hervidas se agrega la dieta erótica.

Estos sufrimientos son menores comparados con la tortura verdadera, la circunstancia que domina la jornada de un futbolista y muchas veces decide su comportamiento: no hacer nada. En las concentraciones, un equipo consta de una veintena de uniformados que matan las horas como pueden. El Nintendo, los juegos de barajas y la contemplación del techo distraen un poco, pero pueden erosionar el cerebro en forma imperceptible hasta llevar a una pifia en la cancha o, peor aún, a anunciar talco para los pies.

La soledad de las concentraciones es grave, entre otras cosas, porque está muy compartida. Tus hijos son las fotos que te mandaste estampar en la piyama y tu compañero de cuarto es un olor demasiado próximo. Hasta los clubes arropados por Armani hacen que sus jugadores duerman en parejas. Los rigores del marcaje personal son una broma frente a esta obligada convivencia. En una ocasión le pregunté a un jugador profesional de qué hablaba con su compañero. La respuesta revela una de las ricas posibilidades de la psicopatología: «No habla conmigo. Habla con su pene. Le dice Ramón y le recuerda lo que han vivido juntos». No me extrañó que tiempo después el entrevistado, un hombre cortés y tranquilo, que usaba la palabra «pene» por deferencia ante los medios informativos, se convirtiera en suplen-

te del equipo. Los monólogos que su compañero le dirigía a Ramón lo habían transformado en alguien que abanicaba balones y miraba cosas que no estaban en la cancha.

El futbolista debe combinar el narcisismo del que desea mostrarse a toda costa con la vocación de encierro de una monja de clausura y la capacidad de tolerar tatuajes y humores demasiado próximos de un presidiario.

Mientras los astros deambulan como zombis por los pasillos de un hotel, especulamos en lo que harán en el partido. Su apartamiento despierta profecías. Las palabras llenan las muchas horas en que el fútbol está «vacío» o sólo consta de jugadores sin otra sustancia que el aburrimiento. Hablamos de lo que no vemos. Una vez que asistimos al partido, hablamos de lo que no supimos o no entendimos.

Las canchas tienen un sótano poblado de supersticiones, complejos, fobias, dramas, esperanzas. Algo ilocalizable y oscuro debe explicar por qué Morientes, un jugador sin otro lucimiento que la eficacia, deja de anotar durante mucho tiempo, negando su naturaleza, y cuando finalmente acierta empuja a Roberto Carlos para impedir que lo felicite, como si no mereciera otra celebración que el ultraje o como si recuperara la identidad para vengarse, no de los otros, sino de los suyos. Pero los misterios no entregan sus claves. La atracción del fútbol depende de su renovada capacidad de hacerse incomprensible. Hay algo que no captamos pero existe, como el crecimiento del pasto o la circulación de la sangre. De pronto, Zidane encuentra un hueco y enfila hacia la nada: lo invisible es la certeza que nos consta.

ROSICKY
10

10

De pronto, un delantero vuela por los aires, cae con espectacular pirueta, rueda sobre el pasto, se lleva las manos al rostro y se convulsiona en espera de que el árbitro saque la tarjeta roja o, de perdida la amarilla.

adidas
adidas
OPEL

OPEL

ANDRADE
4
V.NISTELROOY
10
R.CARVALHO
16

BANCA DAL 1472
MONTE
PASCHI
21

DIADORA

KAKA'
22

8
PIRLO
DEL PIERO
7

TIM
PUMA

SIEMENS
bile

adidas
OPEL
lotto

OPEL
10

PIRELLI

RONALDO
9

14

OPEL

D'AGOSTIN
21

adidas
13

FIGO
7
euro2004.
20

PORTUGAL
PORTUGAL
PORTUGAL

Las canchas tienen un **sótano** poblado de supersticiones, complejos, fobias, dramas y esperanzas.

fotografías

Pág. 1 Con un beso en el anillo de compromiso, el capitán de la Roma, Francesco Totti, festeja un gol. El beso es una dedicatoria a los hinchas de su equipo y a su novia. Roma 22/2/2004. Campeonato Italiano Serie A 2003-2004. Roma, Siena 6-0.

Pág. 5 Las manos de los hinchas griegos. Oporto 1/7/2004. Campeonato Europeo 2004, semifinal entre Grecia y República Checa.

Pág. 6 Luis Figo. Lisboa 20/6/2004. Euro2004. España, Portugal 0-1.

Pág. 7 Iker Casillas, el portero español. Lisboa 20/6/2004. Euro2004. España, Portugal 0-1.

Págs. 8-9 El saludo entre los jugadores de los equipos de República Checa y Dinamarca antes de iniciar el partido. Oporto 27/6/2004. Euro2004, cuartos de final. República Checa, Dinamarca 3-0.

Págs. 10-11 Fredrick Ljungberg y Alessandro Nesta. Oporto 18/6/2004. Euro 2004. Italia, Suecia 1-1.

Pág. 12 Ricardo Kaká, del Milán. Florencia 30/4/2005. Campeonato Italiano Serie A. Fiorentina, Milán 1-2.

Pág. 20 Traianos Dellas festeja frente a los hinchas, mientras sus compañeros reciben el premio. Lisboa 4/7/2004. Euro2004, final. Portugal, Grecia 0-1.

Pág. 21 Traianos Dellas festeja la victoria al fin del encuentro. Lisboa 4/7/2004. Euro2004, final.

Pág. 22 Los jugadores holandeses Edgard Davids (a la izquierda), Jaap Stam (al centro) y Clarence Seedorf (a la derecha) se ponen de acuerdo antes de patear un tiro libre. Faro 27/6/2004. Euro2004. Suecia, Holanda 4-5 por tiros de penal (0-0).

Pág. 23 Thierry Henry festeja un gol con su compañero en la selección francesa, Robert Pires. Cohimbra 21/6/2004. Euro2004. Suiza, Francia 1-3.

Pág. 24 Georgios Seitaridis, de Grecia, intenta detener de una manera singular al francés Thierry Henry. Lisboa 25/6/2004. Euro2004, cuartos de final. Francia, Grecia 0-1.

Pág. 25 El francés Zinedine Zidane parece entenderse de tú a tú con la pelota. Leiria 17/6/2004. Euro2004. Croacia, Francia 2-2.

Pág. 26-1 Francesco Totti en conferencia de prensa. Lisboa 10/6/2004. Euro 2004.

Pág. 26-2 Zinedine Zidane. Lisboa 13/6/2004. Euro2004. Francia, Inglaterra 2-1.

Pág. 26-3 Marcello Lippi ofrece su primera conferencia de prensa como entrenador de la selección italiana. Coverciano 16/8/2004.

Pág. 27-1 Antonio Cassano, entrenamiento de la selección italiana. Lisboa 10/6/2004. Euro2004.

Pág. 27-2 Alessandro Del Piero en conferencia de prensa. Lisboa 9/6/2004. Euro 2004.

Pág. 27-3 David Beckham, Inglaterra. Lisboa 13/6/2004. Euro2004. Francia, Inglaterra 2-1.

Pág. 28 Amantino Mancini. Roma 14/12/2003. Campeonato Italiano Serie A 2003/2004. Roma, Modena 1-0.

Pág. 29 Adriano. Milán 14/9/2004. Champions League 2004/2005. Inter, Werder Bremen 2-0.

Pág. 34 Aveiro 19/6/2004. Euro2004, cuartos de final. Holanda, República Checa 2-3.

Pág. 35 Un choque entre Andrea Pisanu (Parma) y Antonio Cassano (Roma). Roma 19/12/2004. Campeonato Italiano Serie A 2004/2005. Roma, Parma 5-1.

Págs. 36-37 El franco-argentino David Trezeguet y Ledley King, de Inglaterra. Lisboa 13/6/2004. Euro2004. Francia, Inglaterra 2-1.

Pág. 38 Daniele Corvia, de la Roma, y Fabio Cannavaro, de la Juventus. Roma 5/3/2005. Campeonato Italiano Serie A 2004/2005. Roma, Juventus 1-2. Pág. 39 Alessandro Del Piero, de la Juventus. Verona 13/3/2005. Campeonato Italiano Serie A 2004/2005. Chievo Verona, Juventus 0-1.

Pág. 40 Bari 3/8/2004 torneo entre la Juventus, el Inter y Palermo. Adriano .

Pág. 41 Leandro Cufre, de la Roma, se tira al piso mientras el adversario se aleja. Livorno 16/10/2004. Campeonato Italiano Serie A 2004/2005. Livorno, Roma 0-2.

Pág. 42 Choque aéreo entre Roberto Baggio y Sinisa Mihailovic. Roma 17/5/2003. Campeonato Italiano Serie A 2002/2003.Lazio, Brescia 3-1.

Pág. 43-1 Jaap Stam, del Milán. Milán 19/2/2005. Campeonato Italiano Serie A 2004/2005. Milán, Cagliari 1-0.

Pág. 43-2 Paolo Maldini. Bologna 1/2/2004. Campeonato Italiano Serie A 2003/2004.

Pág. 43-3 Gianpaolo Pazzini, de Italia. Trapani 3/9/2004. Italia, Noruega 2- 0.

Pág. 44 Una hincha francesa. Lisboa 25/6/2004. Euro2004, cuartos de final. Francia, Grecia 0-1.

Pág. 45 Un hincha inglés festeja el gol de Lampard. Lisboa 13/6/2004. Euro2004. Francia, Inglaterra 2-1.

Pág. 46 Antonio Cassano, de la Roma. Florencia 16/3/2005. Copa Italia, cuartos de final. Fiorentina, Roma 1-0.

Pág. 47 Nelson Dida, del Milán. Milán 19/2/2005. Campeonato Italiano Serie A 2004/2005. Milán, Cagliari 1-0.

Pág. 53 Roma 20/2/2005. Campeonato Italiano Serie A 2004/2005. Roma, Livorno 3-0.

Pág. 54-55 Roma 12/9/2004. Campeonato Italiano Serie A 2004/2005. Roma, Fiorentina 1-0.

Pág. 56 Francesco Totti, de la Roma (a la derecha) y Enzo Maresca, de la Fiorentina (a la izquierda). Roma 12/9/2004. Campeonato Italiano Serie A 2004/2005. Roma, Fiorentina 1-0.

Pág. 57 Francesco Totti, capitán de la Roma.

Pág. 58 Roma 28/9/2003. Campeonato Italiano Serie A 2003/2004. Roma, Ancona 3-0.

Pág. 59 Roma 30/1/2005. Campeonato Italiano Serie A 2004/2005. Roma, Messina 3-2.

Pág. 60 El capitán de la Roma, Francesco Totti, discute con el árbitro Alberto Pieri. Roma 30/1/2005. Campeonato Italiano Serie A 2004/2005. Roma, Messina 3-2.

Pág. 61 Roma 29/8/2004. Partido amistoso entre la Roma y la selección de Irán. Roma, Irán 5-3.

Pág. 62 Roma 29/8/2004. Partido amistoso entre la Roma y la selección de Irán. Roma, Irán 5-3.

Pág. 63 1-El gol de Francesco Totti. Parma 13/10/2004. Clasificación para el Mundial de 2006. Italia, Bielorrusia 4-3.

Pág. 63 2-Roma 24/10/2004. Campeonato Italiano Serie A 2004/2005. Roma, Palermo 1-1.

Pág. 64 Francesco Totti y Simone Perrotta festejan a su compañero Vincenzo Montella después del gol del 5-1. Roma 31/10/2004. Campeonato Italiano Serie A 2004/2005. Roma, Cagliari 5-1.

Pág. 65 El gol de Francesco Totti de tiro penal. Roma 7/3/2004. Campeonato italiano Serie A 2003/2004. Roma, Inter 4-1.

Pág. 66 Cristiano Lupatelli (Fiorentina) y Francesco Totti, de la Roma. Roma 12/9/2004. Campeonato Italiano Serie A 2004/2005. Roma, Fiorentina 1-0.

Pág. 67 Livorno 16/10/2004. Campeonato Italiano Serie A 2004/2005. Livorno, Roma 0-2.

Pág. 73 FrancescoTotti y Bernardo Corradi. Roma 9/11/2003. Campeonato Italiano Serie A 2003/2004. Roma, Lazio 2-0.

Pág. 74 El entrenador Giovanni Trapattoni y Roberto Baggio, en el último partido con la camiseta azzurra en la carrera del jugador. Genova 27/4/2004. Partido amistoso entre Italia y España,1-1.

Pág. 75 Entrenamiento de la selección italiana. Lisboa 8/6/2004. Euro2004.

Pág. 76 Primer día de entrenamiento de la selección italiana con vistas al Campeonato Europeo 2004 en Portugal. Coverciano 25/5/2004.

Pág. 77 El entrenador italiano, Giovanni Trapattoni, en conferencia de prensa. Lisboa 9/6/2004.

Pág. 78-79 Entrenamiento de la selección italiana. Lisboa 10/6/2004. Euro 2004.

Pág. 80 David Beckham, de Inglaterra. Lisboa 13/6/2004. Euro2004. Francia Inglaterra 2-1.

Pág. 81 Raúl González. Lisboa 20/6/2004. Euro2004. España, Portugal 0-1.

Pág. 82 1-Liliam Thuram y Themistoklis Nikolaidis. Lisboa 25/6/2004. Euro2004, cuartos de final. Francia, Grecia 0-1.

Pág. 82 2-Martin Laursen y Mauro Camoranesi. Guimaraes 14/6/2004. Euro2004. Dinamarca, Italia 0-0.

Pág. 82 3-Antonio Cassano y Walter Samuel. Madrid 28/9/2004. Champions League 2004/2005. Real Madrid, Roma 4-2.

Pág. 82 4-Philip Cocu y Henrik Larsson. Faro 27/6/2004. Euro2004, cuartos de final. Suecia, Holanda 4-5 por tiros de penal (0-0).

Pág. 82 5-Gennaro Gattuso y Fredrick Ljungberg. Oporto 18/6/2004. Euro 2004. Italia, Suecia 1-1.

Pág. 82 6-Zlatan Ibrahimovic, de la Juventus, y Matteo Ferrari, de la Roma.Roma 5/3/2005. Campeonato Italiano Serie A 2004/2005. Roma, Juventus 1-2.

Pág. 83 David Beckham. Roma 5/12/2004. Champions League 2004/2005. Roma, Real Madrid 0-3.

Pág. 84 Zinedine Zidane. Roma 8/12/2004. Champions League 2004/2005. Roma, Real Madrid 0-3.

Pág. 85 Thierry Henry (Francia) y Ledley King, de Inglaterra. Lisboa 13/6/2004. Euro2004. Francia, Inglaterra 2-1.

Pág. 86 Jan Koller y Jaap Stam. Aveiro 19/6/2004. Euro2004. Holanda, República Checa 2-3.

Pág. 87 Jan Koller y Jaap Stam. Aveiro 19/6/2004. Euro2004. Holanda, República Checa 2-3.

Pág. 91 Alessandro Del Piero aplaude a los hinchas al final del partido. La Juventus es campeón de Italia por vigésimo octava vez. Livorno 22/5/2005. Campeonato Italiano Serie A. Livorno, Juventus 2-2.

Pág. 92 Marcos Cafú y Leandro Cufré. Roma 20/03/2005. Campeonato italiano Serie A 2004/2005. Roma, Milán 0-2.

Pág. 93 Philippe Mexes, de la Roma. Milán 12/2/2005. Campeonato Italiano Serie A 2004/2005. Inter, Roma 2-0.

Págs. 94-95 La selección italiana. Oporto 18/6/2004. Euro2004. Italia, Suecia 1-1.

Pág. 96 Andrij Shevchenko festeja después de haber batido al portero de la Fiorentina, Sebastián Cejas. Florencia 30/4/2005. Campeonato Italiano Serie A 2004/2005. Fiorentina, Milán 1-2.

Pág. 97 Álvaro Recoba, del Inter. Pisa 14/8/2004. Amistoso entre el Inter y el Aek Atene 5-1.

Pág. 98 Gianluigi Buffon, portero de la Juventus. Florencia 9/4/2005. Campeonato Italiano Serie A 2004/2005. Fiorentina, Juventus 3-3.

Pág. 99 David Beckham. Lisboa 13/6/2004. Euro2004. Francia, Inglaterra 2-1.

Pág. 100 Antonio Cassano y Francesco Totti, de la Roma. Roma 30/1/2005. Campeonato Italiano Serie A 2004/2005. Roma, Messina 3-2.

Pág. 101 Gennaro Gattuso. Modena 4/4/2004. Campeonato Italiano Serie A 2003/2004. Modena, Milan 1-1.

Pág. 102 Los jugadores griegos festejan el gol de Angelos Charisteas. Lisboa 25/6/2004. Euro2004, cuartos Final. Francia, Grecia 0-1.

Pág. 103 Los jugadores franceses Thuram, Lizarazu y Henry abandonan el campo de juego con la cabeza baja al término del partido. Lisboa 25/6/2004. Euro2004, cuartos de final. Francia, Grecia 0-1.

Pág. 114 Robert Pires y Theodoros Zagorakis. Lisboa 25/6/2004. Euro2004, cuartos Final. Francia, Grecia 0-1.

Pág. 115 Tomas Rosicky y Edgard Davids. Aveiro 19/6/2004. Euro2004. Holanda, República Checa 2-3.

Pág. 116 Zlatan Ibrahimovic. Faro 27/6/2004. Euro2004, cuartos de final. Suecia, Holanda 4-5 en penaltis (0-0).

Pág. 117 Wayne Rooney. Milán 8/3/2005. Champions League 2004/2005. Milán, Manchester United 1-0.

Pág. 118-1 El portero italiano Gianluigi Buffon. Oporto 18/6/2004. Euro2004. Italia Suecia 1-1.

Pág. 118-2 Ricardo Carvalho y Edgard Davids. Lisboa 29/6/2004. Euro2004, semifinal. Portugal, Holanda 2-1.

Pág. 118-3 Deco y Philip Cocu. Lisboa 29/6/2004. Euro2004, semifinal. Portugal, Holanda 2-1.

Pág. 118-4 Johann Vonlanthen y Liliam Thuram. Cohimbra 21/6/2004. Euro2004. Suiza, Francia 1-3.

Pág. 118-5 Wayne Rooney y Mikael Silvestre. Lisboa 13/6/2004. Euro2004. Francia, Inglaterra 2-1.

Pág. 119-1 Bastian Schweinsteiger y Roman Tyce. Lisboa 23/6/2004. Euro2004. Alemania y República Checa 1-2.

Pág. 119-2 Marcos Cafú y Roberto Carlos. Roma 17/9/2002. Champions League 2002/2003. Roma, Real Madrid 0-3.

Pág. 119-3 Filippo Inzaghi y Gianluigi Buffon. Milán 8/5/2005. Campeonato Italiano Serie A 2004/2005. Milán, Juventus 0-1.

Pág. 120 Marcos Cafú, del Milán, a la derecha y Fabrizio Miccoli, de la Fiorentina, a la izquierda. Florencia 30/4/2005. Campeonato Italiano Serie A 2004/2005. Fiorentina, Milán 1-2.

Pág. 121 Andrij Shevchenko y Wilfred Bouma. Milán 26/4/2005. Champions League, semifinal. Milán, Psv Eindhoven 2-0.

Pág. 122 Fredrick Ljungberg y Gennaro Gattuso. Oporto 18/6/2004. Euro2004. Italia, Suecia 1-1.

Pág. 123 Jorge Andrade y Ruud Van Nistelrooy. Lisboa 29/6/2004. Euro2004, semifinal. Portugal, Holanda 2-1.

Pág. 124 Paolo Maldini y Enrico Chiesa. Siena 17/4/2005. Campeonato Italiano Serie A 2004/2005. Siena, Milán 2-1.

Pág. 125 Paolo Maldini y Rodrigo Taddei. Siena 17/4/2005. Campeonato Italiano Serie A 2004/2005. Siena, Milán 2-1.

Págs. 126-127 Luis Figo y Amantino Mancini. Madrid 28/9/2004. Champions League 2004/2005. Real Madrid, Roma 4-2.

Pág. 128-1 Carlo Ancelotti, entrenador del Milán, da instrucciones a Ricardo Kaká. Siena 17/4/2005. Campeonato Italiano Serie A 2004/2005. Siena, Milán 2-1.

Pág. 128-2 Carlo Ancelotti, entrenador del Milán, festeja la victoria. Roma 26/9/2004. Campeonato Italiano Serie A 2004/2005. Lazio, Milán 1-2.

Pág. 128-3 Carlo Ancelotti, entrenador del Milán, festeja al término del partido. Siena 17/4/2004. Campeonato Italiano Serie A. Siena, Milán 1-2.

Pág. 129-1 Fabio Capello, entonces entrenador de la Roma. Roma 7/3/2004. Campeonato italiano Serie A 2003/2004. Roma, Inter 4-1.

Pág. 129-2 Fabio Capello, entrenador de la Juventus. Milano 8/5/2005. Campeonato Italiano Serie A 2004/2005. Milán, Juventus 0-1.

Pág. 129-3 Milán 8/5/2005. Campeonato Italiano Serie A 2004/2005. Milán, Juventus 0-1.

Pág. 130 Mancini, entrenador del Inter. Pisa 14/8/2004. Partido amistoso. Inter, Aek Atene 5-1.

Pág. 131 El entrenador de la Lazio, Giuseppe Papadopulo. Roma 10/4/2005. Campeonato Italiano Serie A 2004/2005. Lazio, Livorno 3-1.

Pág. 132 Gennaro Gattuso protesta ante el árbitro suizo Urs Meier. Oporto 18/6/2004. Euro2004. Italia Suecia 1-1.

Pág. 133 El árbitro Pierluigi Collina. Florencia 9/4/2005. Campeonato Italiano Serie A 2004/2005. Fiorentina Juventus 3-3.

Pág. 134 Los jugadores portugueses arman la barrera para el tiro libre. Lisboa 16/6/2004. Euro2004. Rusia, Portugal 0-2.

Pág. 135 Entrenamiento de la selección italiana contra la formación juvenil del Belenenses. Francesco Totti, Christian Vieri, Alessandro Del Piero y Simone Perrotta. Lisboa 11/6/2004. Euro2004.

Pág. 136 Gabriel Batistuta. Roma 22/10/2002. Champions League 2002/2003. Roma, Genk 0-0.

Pág. 137 Aparecido Cesar. Roma 24/4/2003. Semifinal Copa UEFA 2002/2003, semifinales. Lazio, Oporto 0-0.

Pág. 138 Ricardo Kaká, del Milán. Siena 17/4/2005. Campeonato Italiano Serie A. Siena, Milan 2-1.

Pág. 139 Manuel Rui Costa, del Milán, y Roberto Muzzi, de la Lazio. Milán 21/8/2004. Supercopa Italiana 2004. Milán, Lazio 3-0.

Pág. 140-1 Adriano. Roma 12/3/2005. Campeonato Italiano Serie A 2004/2005. Lazio, Inter 1-1.

Pág. 140-2 Alvaro Recoba. Milán 14/9/2004. Champions League 2004/2005. Inter, Werder Bremen 2-0.

Pág. 141 Ronaldo. Madrid 28/9/2004. Champions League 2004/2005. Real Madrid, Roma 4-2.

Pág. 142 David Trezeguet se lamenta después de un gol fallido. Leiria 17/6/2004. Euro2004. Croacia Francia 2-2.

Pág. 143 Paolo di Canio y Simone Inzaghi protestan ante el juez de línea. Roma 25/11/2004. Copa UEFA 2003/2004. Lazio, Partizan de Belgrado 2-2.

Pág. 144-145 Ruud Van Nistelrooy. Aveiro 19/6/2004. Euro2004. Holanda, República Checa 2-3.

Pág. 146 Los jugadores holandeses festejan la victoria por penales. Faro 27/6/2004. Euro2004, cuartos de final. Suecia, Holanda 4-5.

Pág. 147-1 Clarence Seedorf (al centro) Ricardo Kaka (a la izquierda) y Andrij Shevchenko (a la derecha) festejan el gol del 2-1 para el Milán. Milán 11/9/2004. Campeonato Italiano Serie A 2004/2005. Milán, Livorno 2-2.

Pág. 147-2 Mancini, Perrotta y D'Agostino festejan al goleador Francesco Totti. Roma 31/10/2004. Campeonato Italiano Serie A 2004/2005. Roma, Cagliari 5-1.

Pág. 147-3 Michael Ballack festeja el gol de la ventaja para los alemanes. Lisboa 23/6/2004. Euro2004. Alemania, República Checa 1-2.

Pág. 148 El capitán griego Theodoras Zagorakis festeja la victoria de su selección en el campeonato europeo. Lisboa 4/7/2004. Euro2004, final. Portugal, Grecia 0-1.

Pág. 149 Luis Figo y sus compañeros festejan el gol. Lisboa 20/6/2004. Euro2004. España, Portugal 0-1.

Pág. 150 Una hincha holandesa. Aveiro 19/6/2004. Euro2004. Holanda, República Checa 2-3.

Pág. 151-1 Hinchas griegos. Lisboa 25/6/2004. Euro 2004, cuartos de final. Francia, Grecia 0-1.

Pág. 151-2 Hinchas griegos. Lisboa 25/6/2004. Euro 2004, cuartos de final. Francia, Grecia 0-1.

Pág. 152 Hinchas suizos. Cohimbra 21/6/2004. Euro2004. Suiza, Francia 1-3.

Pági. 153 Hinchas croatas. Leiria 17/6/2004. Euro2004. Croacia, Francia 2-2.

Págs. 154-155 David Trezeguet, de Francia. Lisboa 25/6/2004. Euro2004. Francia Grecia 0-1.

índice

GNO
IAZZ
ISTRI